두고두고 읽고 싶은 시튼 동물 이야기 ②

회색곰 워브

초판 1쇄 펴낸날 2013년 3월 25일
초판 2쇄 펴낸날 2014년 1월 20일

원작 어니스트 톰슨 시튼 | 글·그림 우상구
펴낸이 서경석
책임편집 류미진 | 디자인 이혜정 | 이미지 수정 이승주
마케팅 서기원 | 제작·관리 이거일, 서지혜, 고정아
펴낸곳 청어람주니어 | 출판등록 제313-2009-68호
주소 경기도 부천시 원미구 심곡2동 163-2 서경빌딩 3층 (우)420-822
전화 032)656-4452 | 팩스 032)656-4453
전자우편 juniorbook@naver.com

ISBN 978-89-93912-81-4 74840
    978-89-93912-78-4(세트)

ⓒ 우상구, 청어람주니어 2013

※ 이 책의 내용 일부 또는 전부를 재사용하려면 반드시 저작권자와 청어람주니어 양측의 동의를 얻어야 합니다.

두고두고 읽고 싶은 시튼 동물 이야기

회색곰 워브

어니스트 톰슨 시튼 원작 | 우상구 글·그림

| 이 책을 읽는 어린이들에게 |

◆◆◆

외롭고 쓸쓸한 회색곰 워브의
친구가 되어 주지 않을래?

아저씨가 또 다른 친구를 소개해 줄게. 늑대 왕 로보처럼 높이 솟은 산과 그 사이를 흐르는 강, 그리고 넓게 펼쳐진 초원을 누비며 동물의 왕으로 군림했던 회색곰 워브란다. 워브의 이야기를 쓴 시튼은 워브가 살았던 땅에 세워진 펠릿 목장에 머물면서 여러 사냥꾼과 광부들의 도움으로 회색곰 워브의 삶을 들여다볼 수 있었어. 그 당시 워브는 굉장히 유명했거든.

워브는 덩치가 아주 큰 곰이었어. 게다가 영리하기도 했지. 곰들은 나무 위에 흔적을 남겨 자신의 영역을 표시하거든. 숲 속에 있는 나무들 여기저기에서 워브의 발톱 자국을 발견할 수 있었어. 그건 '이곳은 워브의 땅이니 함부로 들어오지 말 것!' 이라는 경고문이었지. 사람도, 동물도 워브의 땅에 함부로 들어가지 못했어. 어쩌다 워브와 마주치기라도 하면 모두 숨기에 바빴단다.

그래서일까? 워브의 땅은 점차 넓어졌지만 워브 곁에는 친구도, 짝도 없었어. 너무나 어린 시절에 가족을 잃고 홀로 남은 워브는 세상과 싸우는 법밖에 익히지 못했거든. 친구들이 워브의 이야기를 들어 줄래? 워브가 왜 혼자 그 많은 시간을 보내야 했는지 친구들이 이해해 준다면, 워브는 더 이상 외롭지 않을 거야.

어딘가에 있을 또 다른 워브가 외롭지 않길 바라며, 우상구 아저씨가

| 어니스트 톰슨 시튼 Ernest Thompson Seton에 대하여 |

동물을 따뜻한 시선으로 관찰한
자연주의 작가, 시튼

이 책을 쓴 작가, 시튼을 소개할게.

어린 시절을 숲이 우거진 산림 지대에서 보낸 시튼은 동물들을 관찰하고 그리는 것을 무척 좋아했어. 그래서 식물과 동물을 관찰하고 연구하는 박물학자가 되고 싶어 했지. 아버지의 권유로 영국과 프랑스에서 그림을 먼저 공부했지만, 박물학자가 되고 싶은 꿈을 버릴 수 없어 캐나다로 돌아와 글을 쓰기 시작했단다. 그러다 1897년 동물들의 이야기를 쓴 《내가 아는 야생 동물 Wild Animals I have known》을 발표하면서 작가로서 첫발을 내딛게 되었지.

시튼이 책 속에 그려 낸 동물들은 단순히 본능에 따라 행동하지 않았어. 거친 야생의 세계에서 살아남기 위해 때로는 용기 있게 맞서고, 때로는 지혜롭게 피해 서로를 보듬는, 우리의 삶과 크게 다르지 않았지. 이야기를 읽다 보면 동물을 따뜻하게 바라보는 시튼의 시선을 느낄 수 있단다.

훗날 '동물 문학의 아버지'로 불린 시튼은 평생 사람들의 횡포로 하나둘씩 사라져 가는 야생 동물들을 보호하기 위해 글을 쓰고 그림을 그렸어. 그리고 꾸준히 이야기했지. "자연은 아주 좋은 것 Nature is Very Good Thing"이라고. 그러니까 반드시 지켜야 한다고 말이야.

회색곰 워브는 1910년경, 거칠고 황량한 미국의 서부 지역에서도 특히나 외지고 험준했던 리틀파이니 꼭대기에서 태어났습니다.

어미 곰은 대개 한 번에 새끼를 두 마리 정도 낳지만 워브의 어미는 새끼가 네 마리나 되었고, 워브가 바로 맏이 곰이었지요.

어미 곰은 풍요로운 자연 속에서 조용한 삶을 꾸려 가고 있었습니다. 여름이 시작될 무렵, 어미 곰은 이제 막 7개월이 된 새끼들을 데리고 파이니 강 골짜기를 따라 그레이불 강까지 갔습니다.

어미 곰은 새끼 곰들에게 열매를 따 먹는 법, 나무뿌리를 캐는 법 등을 가르쳐 주었지요.

어미 곰이 납작한 돌이나 쓰러진 통나무를 들어 올리면 새끼들은 그 아래 숨어 있던 개미와 굼벵이 등 여러 가지 땅벌레들을 핥아 먹었습니다. 땅벌레들을 먹기 위해 서로 달려드는 모습은 마치 강아지나 고양이 같았지요. 그러나 막상 새끼들의 입속으로 들어가는 것은 선인장 가시나 모래가 더 많았습니다.

"그렇게 허둥대면 한 마리도 먹을 수 없단다. 엄마가 방법을 가르쳐 줄게."

어미 곰은 개미 집 입구를 한 대 내려치더니, 그 위에 앞발을 가만히 올려 두었습니다. 곧 집을 잃은 성난 개미들이 발 위로 까맣게 떼 지어 올라왔습니다. 어미 곰은 입안에 모래 한 알 묻히지 않고, 개미들을 맛있게 핥아 먹었습니다. 새끼들도 금세 어미 곰을 따라 했습니다.

곰 가족은 개미 집을 둘러싸고 마치 아이들이 손장난하듯이 이쪽 손 저쪽 손을 핥았습니다.

시큼한 개미를 잔뜩 먹고 나니 모두 목이 말랐습니다. 어미 곰은 새끼들을 이끌고 강가로 갔습니다.

강물은 너무 맑아 물속이 훤히 들여다보일 정도였습니다. 시원한 물을 실컷 마시고, 강기슭을 따라 내려오자 자갈이 보일 정도로 얕은 웅덩이가 눈에 띄었습니다.

"얘들아, 이번엔 새로운 걸 가르쳐 줄게!"

어미 곰은 먼저 웅덩이 아래쪽 물을 휘저었습니다. 물은 금세 흙탕물이 되었지요. 그러고 나서 잠시 뭍으로 나와 있던 어미 곰은 갑자기 소리를 지르며 웅덩이 위쪽으로 첨벙 뛰어들었습니다.

흙탕물을 피해 위쪽에 모여 있던 물고기들은 갑작스러운 공격에 갈팡질팡하다 물 위로 튀어 올랐고, 어미 곰은 재빨리 물고기를 잡아채어 새끼 곰들에게 던져 주었습니다. 새끼 곰들은 배가 볼록해질 때까지 신 나게 물고기를 먹었습니다.

"엄마, 배불러서 더는 못 먹겠어요."

막내가 배시시 웃으며 말했습니다.

배가 부른데다 햇볕마저 따갑게 내리쬐자 새끼 곰들은 졸음이 몰려왔습니다.

어미 곰은 새끼들을 데리고 아늑한 숲 속으로 돌아가 몸을 뉘었습니다. 더운 여름날이었지만, 새끼 곰들은 다투어 엄마 품속을 파고들었습니다.

어미 곰은 품 안에서 쿨쿨 잠든 새끼 곰들을 바라보며 이런 작고 조용한 행복이 계속되기를 기도했습니다.

얼마나 지났을까요. 잠에서 깬 새끼 곰들이 풀밭에서 서로 엉켜 장난치기 시작했습니다. 서로 뒤엉켜 구르기도 하고, 꼬집기도 하고, 코를 뾰족이 내밀어 다시 엄마 품으로 기어들기도 했습니다.

맏이 워브는 삐쭉 튀어나온 나무뿌리를 흔들기도 하고 질겅질겅 씹기도 하며 놀았습니다.

　셋째 곰은 막내의 귀를 잡아당기다가 외려 막내에게 맞고 말았습니다. 결국, 서로 뒤엉켜 구르며 싸우다 한 녀석이 순식간에 강둑 아래로 굴러떨어지고 말았습니다. 그 순간, 막내 곰의 다급한 울음소리가 들려왔습니다. 그것은 단순히 아파서 지르는 소리가 아니었습니다. 잔뜩 겁에 질린 소리였지요. 무언가 새끼 곰을 위협하고 있는 것이 분명했습니다. 어미 곰은 한걸음에 강 아래로 달려갔습니다.

온순했던 어미 곰은 눈앞에 펼쳐진 광경을 보고 순식간에 돌변했습니다. 커다란 황소가 금방이라도 새끼를 죽일 듯이 달려들고 있었으니까요. 어미 곰은 골짜기가 쩌렁쩌렁 울리도록 울부짖으며 황소를 향해 달려갔습니다. 황소는 날카로운 뿔로 어미 곰을 들이받으려 했지만, 어미 곰이

좀 더 빨랐습니다. 어미 곰은 황소의 몸에 올라타 무쇠 같은 손톱으로 옆구리를 후려쳤습니다. 황소는 분을 못 이겨 어미 곰을 매단 채 이리저리 날뛰었지요. 그러다 강둑까지 달려갔고, 어미 곰은 새끼들과 멀어지기 전에 얼른 황소를 놓아주고 더는 쫓지 않았습니다. 황소는 고통스럽게 울부짖으며 무리가 있는 곳으로 달아났습니다.

워브의 가족을 공격했던 황소의 주인은 이 근처에서 목장을 경영하는 피켓 중령이었습니다. 그날, 피켓 중령은 워싱턴에서 편지 한 통을 받았습니다. 편지에는 피켓 중령의 목장에 우체국을 세워 달라는 청이 받아들여졌다는 내용이 쓰여 있었습니다. 덧붙여서 우체국 이름을 무엇으로 정하면 좋을지 의견을 물어 왔습니다.

중령은 기분이 좋아서 말을 타고 목장을 돌았습니다. 그때 심상치 않은 소 떼들의 울음소리가 들렸습니다.

"무슨 일이 생긴 게 틀림없어!"

피켓 중령은 곧 덩치가 가장 큰 황소가 옆구리에 피를 흘리고 있는 것을 발견했습니다.

"회색곰 짓이야!"

산을 잘 알고 있던 중령은 주변이 한눈에 내려다보이는 강둑으로 말을 몰았습니다. 손에는 새로 산 45구경의 라이폴 총이 들려 있었습니다.

강둑은 파이니 강어귀에서 가까운 거리에 있었습니다. 피켓 중령은 강둑 위로 올라서면서 총을 매만졌습니다. 어미 곰에, 새끼 곰 네 마리가 모두 시야에 잡혔습니다.

어미 곰은 곧바로 기분 나쁜 쇠붙이 냄새를 맡고 소리쳤습니다.

"얘들아, 얼른 숲으로 뛰어!"

그리고 재빨리 새끼 곰들을 이끌고 파이니 강 하류 쪽 울창한 숲 속으로 뛰기 시작했습니다.

그러나 소름 끼치는 총소리는 울려 퍼지고 말았습니다.

탕! 제일 먼저 막내 곰이 엄마를 부르며 쓰러졌습니다. 어미 곰이 고통 속에 비명을 질렀습니다.

"애야!"

새끼를 잃은 분노로 이성을 잃은 어미 곰은 적을 공격하기 위해 발길을 돌렸습니다.

탕! 어미 곰의 거대한 몸이 피를 흘리며
힘없이 땅바닥으로 내리꽂혔습니다.
"엄마! 엄마!"

어미 곰이 쓰러지자 달아나던 새끼 곰들이 공포에 질려 다시 어미 곰 곁으로 돌아왔습니다.

탕! 탕! 총알은 한 치의 오차도 없이 날아왔습니다. 둘째도, 셋째도 어미 곁에 쓰러져 죽어 갔습니다. 맏이 워브만이 어찌할 바를 모르고 멍하니 서 있었습니다.

피켓 중령은 마지막 남은 새끼 곰을 향해 총을 겨누었습니다.

탕! 다행히도 마지막 총알은 아슬아슬하게 워브의 다리를 스쳐 지나갔습니다.

어미 곰이 마지막 숨을 몰아쉬며 워브에게 말했습니다.

"아가야! 어서, 어서……. 멀리 달아나거라."

워브는 쓰러진 엄마와 형제들을 남겨두고 정신없이 숲 속으로 뛰었습니다.

"그놈, 어미를 잃었으니 얼마 못 살 거야. 지금쯤 뒷발에 피를 흘리며 흐느끼고 있겠지."

피켓 중령은 아쉽게 한 마리를 놓치긴 했지만, 곰을 네 마리나 잡아 크게 만족하고 있었습니다. 우체국 이름이 '네 마리 곰'이란 뜻의 '포베어스'가 된 것도 이런 이유 때문이었습니다.

워브는 태어나서 처음으로 혼자서 밤을 새웠습니다. 춥고 배고픈데다 상처 난 발은 점점 더 아팠습니다.

그때, 컴컴한 숲 속에서 묵직한 발걸음 소리가 들려왔습니다. 워브는 가까운 곳에 있는 높은 나무 위로 기어 올라갔습니다.

커다란 몸집에 목이 길고 다리가 가는 한 무리의 짐승들이 어슬렁어슬렁 나무 밑을 지나가나 싶더니, 워브가 매달려 있는 나무를 큰 뿔로 쿵쿵 들이받기 시작했습니다.

워브는 무서워서 숨소리도 내지 못하고, 그날 밤 내내 나뭇가지를 움켜잡은 채 추위와 공포에 떨었습니다.

"엄마, 엄마, 어디 있어……."

워브는 낑낑거리며 엄마를 찾았지만, 엄마는 끝내 돌아오지 않았습니다.

　아침이 되어 추위와 공포에 떨었던 몸은 녹았지만, 배가 몹시 고팠습니다. 워브는 엄마가 가르쳐 준 대로 산딸기를 따 먹고, 개미를 핥아 먹었습니다. 강어귀에 이르자 어제 먹다 남은 물고기 찌꺼기가 흩어져 있었습니다. 워브는 어제 동생들과 먹었던 물고기 찌꺼기를 오독오독 씹어 먹었습니다.

　그때, 바람을 타고 이상한 냄새가 실려 왔습니다. 워브는 코를 킁킁거리며 냄새가 나는 쪽으로 다가갔습니다. 이상한 냄새는 어제 엄마와 동생들을 잃어버린 곳에 와서는 더욱 심해졌습니다.

　조심스럽게 그곳을 살피는데, 신이 나서 무언가 큰 먹이를 뜯어 먹고 있는 코요테들이 눈에 띄었습니다. 아무리 찾아보아도 엄마와 동생들은 보이지 않고, 구역질 나는 냄새는 점점 심해졌습니다.

　워브는 발길을 돌렸습니다. 그리고 다시는 잃어버린 가족을 찾으러 오지 않았습니다.

워브는 점차 혼자라는 것을 실감하게 되었습니다. 뒷발에서는 여전히 피가 흘러 통증이 전해졌지만, 엄마와 동생들을 잃은 슬픔에 비할 바는 못되었습니다.

워브는 늘 침울했습니다.

게다가 숲 속에서 만난 동물들에게 연달아 쫓기면서 워브의 성격은 더욱 부뚝뚝하고 심술궂어졌습니다.

어느 날엔 애써 마련한 통나무 보금자리를 고슴도치에게 빼앗기기도 했고, 또 어느 날에는 땅굴에서 튀어나온 오소리에게 쫓기기도 했습니다. 숲 속에 있는 동물들은 온통 워브를 해치려는 적이었습니다.

시간이 흘러 워브의 힘이 조금씩 세지면서, 워브를 괴롭히는 동물들도 점차 줄어들었습니다.

가을이 되자 바람결에 떨어지는 솔방울을 주워 먹을 수 있었습니다. 그날도 바람에 떨어진 솔방울을 아작아작 씹어 먹고 있는데, 주위에서 씩씩거리는 숨소리가 들렸습니다.

뒤를 돌아보니 커다란 흑곰이 으르렁거리며 달려오고 있었습니다. 워브는 얼른 나무 위로 피했지만, 새끼 곰보다 나무를 잘 타는 흑곰은 꼭대기에 있는 나뭇가지 끝까지 쫓아와 기어이 워브를 떨어뜨리고 말았습니다. 워브는 떨어진 충격으로 정신을 차릴 수 없었지만, 부리나케 일어나 언덕 아래로 도망쳤습니다.

다행히 흑곰은 더는 워브를 쫓지 않았습니다. 가까운 곳에 어미 곰이 있다고 생각했기 때문입니다.

　가을이 깊어지자 먹이가 줄었습니다. 나무 열매도 보이지 않고, 물고기도 강 속 깊이 내려가 보이지 않았습니다. 먹이를 찾아 그레이불 강 언덕 아래루 내려가자 이번엔 코요테 한 미리기 워브를 향해 딜러들었습니다. 워브는 도망치려고 했지만, 곧 코요테에게 따라잡히고 말았습니다.

　'언제까지 이렇게 쫓겨 디닐 수는 없어……'

　워브는 간신히 용기를 내어 코요테를 공격했습니다. 코요테는 갑작스러운 공격에 비명을 지르며 도망쳤습니다.

워브는 다시 한 번 깨달았습니다. 싸워야만 자신을 지킬 수 있다는 것을…….

워브는 밤에는 높은 산에서 지내다 낮이 되면 먹이를 찾아 강가로 내려왔습니다. 어느 날, 운 좋게 다람쥐들의 먹이 창고를 발견했습니다. 냄새가 이끄는 대로 따라가다 보니 다람쥐들이 겨울 식량으로 열매를 모아 둔 먹이 창고가 나온 것입니다. 열매는 맛도 있고, 영양가도 높은 먹거리였습니다.

시간이 흘러 서서히 낮이 짧아졌습니다. 밤이 길어지고 온 산에 서리가 내리기 시작했습니다. 워브는 자신도 모르는 사이 몸집이 날로 커지고 있었습니다.

어느 날 밤이었습니다. 물가를 어슬렁거리는데, 어디선가 낯선 냄새가 났습니다. 아주 달콤한 냄새였지요. 워브는 냄새가 나는 쪽으로 발걸음을 옮겼습니다.

워브가 통나무를 앞발로 건드리는 순간, 철컥! 날카로운 소리가 나면서 앞발이 강철로 된 비버 덫에 걸리고 말았습니다.

워브가 놀라서 덫을 뒤로 낚아채자, 덫을 지탱했던 말뚝도 함께 뽑혔습니다. 덫을 떼어내려고 발버둥을 칠수록 덫은 더 세게 발을 옥죄었습니다.

이빨과 발톱을 사용해 떼어내려고 했지만, 그것도 여의치 않았습니다. 한 발로 덫을 누르고 반대쪽을 이빨로 물어보았더니, 용케 덫의 주둥이가 철컥 열렸습니다. 워브는 얼른 발을 뺐습니다.

워브가 용수철 양쪽을 동시에 누른 것은 우연이었지만, 이번 사건으로 강철 덫 역시 어떤 동물보다 위험하다는 사실을 알게 되었습니다.

'동물 말고도 또 다른 적이 있다. 이 적은 고약한 냄새가 난다. 발을 꽉 물어 움직이지 못하게 하는 무서운 놈이다. 이빨로 물어도 깨물어지지 않는다. 그러나 온 힘을 다해 누르면 빠져나올 수 있다.'

워브는 잊지 않으려고 수차례 되뇌었습니다.

어느덧, 바람은 점점 차가워지고 눈발이 날리기 시작하더니, 산봉우리와 산등성이로 힘차게 눈보라가 휘몰아쳤습니다.

워브의 굴 위로 눈이 쌓이고, 워브는 깊은 겨울잠에 빠져들었습니다.

얼마나 시간이 흘렀을까요?

워브가 기지개를 켜고 굴을 빠져 나오려는데 몸이 굴에 꽉 끼었습니다.

'이상하네, 굴 입구가 작아졌나?'

워브는 겨울잠을 자는 동안 자신의 몸집이 커진 걸 모르고 있었습니다.

봄이 되었지만 산에는 아직도 눈이 쌓여 있었고, 나무 열매도, 산딸기도, 개미도 찾을 수 없었습니다. 그때 마침 저만치에 죽어 있는 사슴이 보였습니다. 지난해에 나무 위에서 내려다봤던 바로 그 사슴이었습니다. 매서운 겨울을 견디지 못하고 죽은 것이었습니다.

워브는 겨우내 굶주렸던 배 속을 사슴 고기로 채우고, 남은 고기는 나중을 위해 다시 땅에 묻었습니다.

어느 날, 언덕 아래로 내려오던 워브는 어디선가 자기와 같은 회색곰 냄새가 풍겨 오는 걸 느꼈습니다. 역시나 저 멀리 덩치가 큰 회색곰 한 마리가 나무뿌리를 캐 먹고 있었지요. 자신과 같은 종족임이 틀림없었으나, 워브는 가까이 갈 수 없었습니다. 야생 속에서는 누구도 믿어선 안 된다고 생각했으니까요.

결국 워브는 덩치 큰 회색곰을 피해 메텃시 골짜기로 달아났습니다.

여름이 다가오면서 워브는 털갈이를 시작했습니다. 피부가 간질거릴 때마다 진흙탕을 뒹굴거나 나무에 등을 문질렀습니다.

워브는 더 이상 나무를 타지 않았습니다. 몸집이 커지면서 앞발도 굵어졌고, 몸은 뻣뻣해지고 둔해졌기 때문입니다.

워브는 길목에 있는 나무들을 볼 때마다 자기 코가 얼마나 높은 곳까지 닿는지 알아보는 곰 특유의 습성을 갖게 되었습니다. 그때만 해도 이것이 자기 땅이라는 영역 표시를 하는 것임을 워브는 알지 못했습니다.

늦은 여름날, 워브가 영역을 표시한 곳에 흑곰 한 마리가 나타났습니다. 바람에 실려 온 흑곰 냄새를 맡는 순간, 워브는 알 수 있었습니다. 어릴 때 나무 끝까지 쫓아와 자신을 떨어뜨렸던 바로 그 흑곰이었습니다.

'그런데 어쩌다 저렇게 몸이 작아졌을까? 예전엔 엄청나게 큰 놈이었는데…….'

워브는 예전 일을 갚아 주기 위해 흑곰에게 다가갔습니다. 흑곰은 겁을 먹고 재빨리 나무 위로 기어 올라갔습니다. 워브는 어릴 적 흑곰처럼 나무 끝까지 쫓아가려고 했지만, 어찌 된 일인지 나무에 어떻게 올라갔는지 기억이 나지 않았습니다.

대신 나무를 있는 힘껏 찼더니, 흑곰이 바닥으로 나동그라졌습니다. 겁에 질린 흑곰은 뒤도 돌아보지 않고 잽싸게 달아났습니다. 워브는 기세가 등등해지는 걸 느꼈습니다.

　가을의 문턱에 접어들면서 높은 지대에서 굴러떨어진 먹이들이 많아졌습니다. 골짜기를 어슬렁거리고 있던 워브는 구수한 살코기 냄새를 맡았습니다.

　침을 꿀꺽 삼키고는, 잽싸게 살코기를 무는 순간, 철컥! 하고 늑대

잡이 덫이 앞발을 물었습니다. 워브는 비로소 역한 쇠붙이와 사람 냄새를 느낄 수 있었습니다.

'이 녀석을 또 잊고 있었군.'

워브는 지난번 덫을 풀었던 기억을 되살려 용수철을 뒷발로 누르고 덫을 벌렸습니다. 한참 만에 간신히 발을 뺐지만, 안타깝게도 새끼발가락 하나가 잘려나가고 말았습니다.

워브는 어느덧 세 살이 되었습니다. 이제 누구도 맞설 수 없는 건장한 곰으로 자라 있었고, 털도 흰빛이 감돌아 멋진 모습이었지요. 워브란 이름도 '흰곰'이라는 뜻으로, 인디언 쇼쇼니 족의 사냥꾼 스파왓이 지은 것이었습니다.

뛰어난 사냥꾼 스파왓은 어느 날, 메팃시 골짜기 위쪽에서 나무에 몸을 문지르며 영역을 표시하는 워브를 발견했습니다.

"아니, 저렇게 큰 곰이 있다니! 내 손으로 꼭 잡고 말겠어."

그 뒤로 스파왓은 온 골짜기를 헤매고 다니며 워브 사냥에 나섰습니다. 그러다 워브가 스파왓의 눈에 띄게 된 어느 날이었습니다.

탕! 총알이 워브의 왼쪽 어깨에 박혔습니다. 워브는 온 산이 쩌렁쩌렁 울릴 정도로 사납게 으르렁거렸습니다.

워브는 다친 몸으로 간신히 계곡까지 피신해 상처를 핥고 또 핥았습니다. 마지막엔 털을 묻혀 먼지나 세균이 들어가지 않도록 했습니다.

워브가 상처를 치료하는 동안에도 스파왓은 포기하지 않고 워브의 흔적을 찾아 이리저리 헤매고 다녔습니다. 메팃시에서 제일 큰 곰을 잡겠다는 욕심 때문이었습니다.

워브는 사람 냄새가 점점 가까워지고 있다는 것을 본능적으로 느낄 수 있었습니다. 더 쉬고 있을 수 없었습니다. 할 수 없이 상처 난 몸을 이끌고 다시 산 위로 도망쳤습니다.

탕! 워브가 두 번째 총탄에 맞았습니다. 워브의 분노는 하늘을 찌를 듯했습니다.

스파왓은 신이 나서 핏자국을 따라 가파른 골짜기를 올랐습니다. 그곳에는 고통으로 일그러진 워브가 있었습니다.

순간 워브의 성난 앞발이 스파왓의 가슴을 후려쳤습니다. 스파웟은 비명도 지르지 못하고, 바위 아래로 굴러떨어졌습니다.

그 뒤로 두 번 다시 스파왓을 볼 수 없었습니다. 워브는 다시 한 번 평화를 위해서는 꼭 싸워 이겨야 한다는 것을 깨달았습니다.

계절이 몇 번 바뀌는 사이 워브도 거대한 청년 곰이 되었습니다. 이 일대에서 워브에게 맞설 수 있는 동물은 없었습니다. 워브는 어느새 메팃시 계곡의 제왕이 되어 있었습니다.

하지만 파이니 강 하류에서 엄마와 동생들을 한순간에 잃었던 그날 이후로 워브의 삶에서 우정이나 사랑 따위는 찾을 수 없었습니다. 사람이고 동물이고 아무도 믿을 수 없었던 워브가 그 누구도 가까이하지 않았기 때문입니다.

모처럼 메팃시 계곡을 거닐던 워브는 자기 영토 안에 사람들이 지어 놓은 통나무집을 발견하고 깜짝 놀랐습니다. 주위를 살피던 찰나, 역한 냄새가 나는가 싶더니 탕! 하는 소리와 함께 워브의 왼쪽 뒷다리에 총알이 박혔습니다.

　찌르는 듯한 고통이었지만 워브는 꿈쩍도 하지 않았습니다. 이제 무시무시한 총도 거대한 워브 앞에서는 소용없었습니다. 황소를 쓰러뜨릴 만한 강한 앞발, 커다란 바위도 장난감처럼 들어 올릴 수 있는 억센 발톱이 있었으니까요.

　워브는 총을 들고 벌벌 떨고 있는 사내를 힘껏 후려쳤습니다. 오후 늦게, 사내의 친구 밀러가 오두막으로 돌아왔을 때는 이미 돌이킬 수 없는 상황이었습니다. 다만, 친구가 죽어 가면서 밀러에게 남겨 놓은 편지가 있었습니다

　'조심해, 어마어마하게 큰 곰이야. 총을 쏘았지만 빗나가고 말았어.'

　"내 손으로 이놈을 잡고 말겠어!"

　밀러는 친구를 위해 복수하겠다고 굳게 맹세했습니다.

하지만 당하고만 있을 워브가 아니었습니다. 그 시각, 워브는 통나무집 근처에서 밀러의 행동을 몰래 지켜보고 있었던 것입니다. 잠시 뒤, 밀러가 통나무집에서 나오자, 워브는 잽싸게 달려들어 밀러를 덮쳤습니다. 밀러는 황급히 총을 꺼내 워브를 쏘았지만, 총알은 빗겨갔습니다.

시간이 한참 흐른 뒤에, 밀러를 찾아온 친구들은 그곳에서 무슨 일이 일어났는지 짐작하고도 남을 끔찍한 현장을 목격했습니다.

결국, 메팃시 계곡에 지어졌던 통나무집은 허물어졌습니다. 무시무시한 회색곰이 언제 나타날지 모르는 집에서 살고 싶어 하는 사람은 아무도 없었으니까요.

이듬해, 메틋시 계곡 상류에서 금광이 발견되었다는 소문이 돌았습니다. 그러자 광부들이 삼삼오오 짝을 지어 계곡으로 몰려들어 땅을 파헤치기 시작했습니다. 대부분 이 지역에서 오랫동안 살아온 노인들이었지요. 그래서인지 광부들 또한 어느새 회색곰을 닮아 있었습니다. 곰과 광부들은 여러모로 공통점이 많았습니다. 둘 다 누구의 방해도 받지 않고, 땅을 파헤치고 싶어 했습니다. 물론 광부들이 땅을 파헤치는 것은 먹이가 아닌, 노란 모래를 찾기 위해서였지만 말입니다.

어느 날, 광부들이 땅을 파고 있는데, 그 앞에 커다란 그림자가 드리웠습니다. 녀석은 뒷다리로 우뚝 버티고 서서 초록색 눈으로 광부들을 무섭게 쏘아 보고 있었습니다. 워브였습니다.

"어, 어쩌면 좋지?"

떨고 있는 동료에게 한 광부가 덤덤하게 대꾸했습니다.

"내버려 두게, 별일 없을 걸세."

　　워브 역시 바로 공격하지 않고 주춤거렸습니다. 이번에는 뭔가 느낌이 달랐기 때문이었습니다.

　　사람 냄새도, 쇠붙이 냄새도 났지만, 이상하게도 어릴 때처럼 화가 치밀어 오르지 않았던 것입니다.

　　광부들이 전혀 움직이지 않자 워브는 크게 한번 울부짖고는, 쿵쿵거리며 광부들을 지나쳐 갔습니다.

　　해가 질 무렵, 워브는 파이니 강 쪽에서 다시 흑곰과 마주쳤습니다.

　　'아니, 저 녀석은 왜 저렇게 볼 때마다 몸이 줄어드는 거지?'

흑곰은 워브를 발견하고 부리나케 나무 위로 올라갔습니다.

워브는 땅에서부터 나무의 아홉 자 높이에 무시무시한 발톱 자국을 남겼습니다.

흑곰은 나무에 올라가서도 바들바들 떨고 있었습니다.

"다시 내 땅에 들어오면 그땐 정말 가만두지 않겠어!"

워브는 흑곰을 내버려 둔 채 발길을 돌렸습니다.

얼마 뒤, 워브는 파이니 강 하류 쪽에 있는 울창한 숲에 이르렀습니다. 그 옛날 엄마와 동생들과 먹던 산딸기와 살이 잔뜩 오른 개미 떼가 있었고, 물고기가 여전히 헤엄치고 있었습니다.

워브는 파이니 강 주변이 얼마나 풍요로운 곳이었는지 잊고 있었습니다. 이곳엔 물을 더럽히는 광부도, 총을 마구 쏘아 대는 사냥꾼도 없었습니다.

워브보다 큰 회색곰도 어디로 갔는지 보이지 않았고, 이따금 흑곰 몇 마리가 주위를 맴돌았지만, 그 정도쯤은 아무런 문제도 되지 않았습니다. 워브는 흐뭇한 표정으로 눈에 띄는 나무마다 발톱 자국을 새겼습니다.

파이니 강 지역은 먹을 것이 많고, 살기도 편해 워브의 마음에 쏙 들었습니다. 워브는 뒷다리로 서서 주변에 있는 나무마다 자신의 흔적을 남겼습니다.

'여기는 워브의 땅이니 함부로 들어오지 말 것!'

　　파이니 강 골짜기에 사는 동물들은 나무에 묻은 털과 냄새로 워브의 영토임을 알았고, 감히 함부로 접근하지 못했습니다.

　어미 곰이 살아 있었다면 모두 가르쳐 주었을 것들을 워브는 수년 간의 고된 경험을 통해 터득했습니다. 계절에 따라 사는 곳을 바꾸어 주어야 한다는 것도 뒤늦게 깨달았습니다.

　이른 봄엔 겨울을 견디지 못하고 죽은 사슴을 먹었고, 초여름에는 인디언들이 심어 놓은 순무가 많이 있는 곳을 찾아갔습니다. 가을이 되면 다람쥐들이 숨겨 놓은 나무 열매를 찾아 겨울을 날 수 있을 만큼 먹어 두었습니다.

워브의 영토는 날이 갈수록 넓어졌습니다. 파이니 강 유역과 메팃시 계곡에 살던 흑곰들도 모조리 쫓아냈습니다.

가끔 아무것도 모르는 뜨내기 목동이 천막이라도 치면 숙소를 습격해 당장 쫓아냈고, 사나운 야생말들도 워브 앞에서는 순순히 길을 비켜 주었습니다.

결국, 사람이나 동물 모두 워브의 영토를 인정하게 되었습니다.

워브는 덫 따위에는 더는 걸려들지 않았고, 사납고 앙칼진 스라소니도 워브가 나타나면 나무 위로 줄행랑쳤습니다. 늑대와 퓨마도 워브와 마주치면 먹던 먹이도 그대로 내던지고 도망쳤지요.

한 번은 세상 물정 모르는 젊고 덩치 큰 수소와 마주친 적이 있었습니다. 다른 동물과 달리 이 수소는 겁 없이 워브 앞에 당당히 서 있는 것이었습니다.

'이놈이 아직 나를 모르는군. 본때를 보여 주마.'

워브는 지난날 동생을 해치려 했던 황소를

떠올리며 거대한 앞발을 들어 수소의 머리를 내리쳤습니다. 수소는 그 자리에서 쓰러지고 말았습니다.

워브는 이제 더는 숲 속의 온갖 동물들에게 쫓기고 괴롭힘당하던 새끼 곰이 아니었습니다. 엄마와 동생들의 사랑은 잃은 지 오래였지만, 살면서 한 가지 기쁨은 느낄 수 있었습니다. 그건 바로 적을 물리치거나 큰 바위를 들어 자신의 힘이 얼마나 센지 시험해 볼 때 느껴지는 만족감이었습니다.

어느 날이었습니다. 파이니 강 위쪽을 거닐고 있을 때 바람을 타고 이상한 냄새가 코끝에 와 닿았습니다. 평소 같았으면 피했겠지만, 그날은 왠지 그 냄새를 쫓아가 보고 싶었습니다. 냄새를 따라 산길을 내려가니 안개같이 연기가 피어오르는 물웅덩이가 보였습니다.

'정말 이상한 냄새야.'

워브는 조심스럽게 냄새나는 물에 발을 담가 보았습니다. 그런데 뜻밖에도 따뜻하고 상쾌한 느낌이 온몸에 전해졌습니다. 요즘 들어 날씨가 추워지면 총에 맞았던 다리가 욱신욱신 아팠는데, 이 물에 발을 담그니 아픔도 가라앉는 것 같았습니다. 워브는 물이 넘치도록 몸을 깊이 담가 보았습니다. 그리고 물속에 들어가 땀을 흠뻑 흘렸습니다.

그 웅덩이는 바로 유황 온천이었습니다. 워브는 몸이 노곤해질 때까지 물속에 있다가 한참 만에 나와 몸을 털었습니다. 그러자 놀라울 정도로 몸이 가뿐해진 것이 느껴졌습니다. 둘러보니 이미 여러 동물이 다녀간 흔적이 눈에 띄었습니다. 워브는 제일 먼저 가까운 나무에 자신의 영역을 표시했습니다.

'여기는 워브의 전용 목욕탕이니 접근하지 말 것!'

그 뒤로 워브는 몸이 쑤실 때마다 이곳에 와서 목욕했습니다.

또 몇 해가 흘러 이제 워브도 나이를 먹었습니다.

몸집은 더 이상 자라지 않았고, 털 빛깔은 더욱 희어졌습니다. 성질은 더 괴팍하고 신경질적으로 변했습니다.

거대한 영토를 가진 만큼 할 일도 많았습니다.

봄이 되면 영토 곳곳을 돌아다니며 겨우내 눈보라 때문에 지워진 영역 표시를 다시 해야 했으니까요.

시간이 흘러 파이니 강 아래쪽에도 목장이 들어섰습니다. 하지만 그곳은 워브의 영역이었습니다. 워브는 화가 나서 산 위에서 목장으로 바위를 떨어뜨리고, 애써 쌓아 놓은 목재를 무너뜨리는 등 심술을 부렸습니다.

목동들도 이것이 회색곰 워브 짓이라는 걸 알았지만, 워브에게 함부로 도전할 수는 없었습니다.

목장 주인 팔레트는 워브에게 관심이 많았습니다.

"그때 다섯 마리의 곰 가운데 새끼 한 마리를 놓치지 않았나. 그때 살아남은 곰이 바로 워브라네."

피켓 중령에게 전해 들은 이야기 말고도, 팔레트는 곧 워브에 대해 더 많은 것을 알게 되었습니다.

워브의 영역이 남쪽으로는 위긴스 포크 위쪽, 북쪽으로는 스팅킹워터까지, 그리고 메팃시에서 쇼쇼니까지라는 것을 말입니다.

또 워브가 덫에 대해 잘 알고 있다는 것도 알아냈습니다. 덫에서 미끼만 쏙 빼 가는 경우가 종종 일어났기 때문입니다. 그리고 해마다 7, 8월이면 겨울잠을 잘 때처럼 자신의 영토에서 종적을 감춘다는 사실도 알아냈습니다.

한편, 나라에서는 옐로스톤 강 상류를 동물 보호 구역으로 정한다는 정책을 발표했습니다. 그 뒤로 사냥꾼들은 구역 안으로 들어갈 수도, 덫을 칠 수도 없었습니다. 곧 울창하고 광대한 초원이 만들어졌습니다. 특히, 주변에 있는 파운틴 호텔 근처에는 곰들이 많이 몰려들었습니다.

호텔에서 300여 미터쯤 떨어진 곳에 음식물 쓰레기를 버리는 곳이 있었는데, 곰들에게는 그만한 먹잇감이 없었던 것입니다. 쓰레기장 주변에는 항상 곰들이 서성거렸습니다.

하루는 목장 주인 팔레트가 파운틴 호텔로 찾아왔습니다.
정신없이 음식을 먹고 있는 곰들 사이로 거대한 회색곰 한 마리가 어슬렁거리며 걸어가는 것이 보였습니다.

호텔 안내원이 팔레트에게 말했습니다.

"저 녀석이 이곳에서 가장 덩치가 큰 곰이에요."

팔레트가 깜짝 놀라 소리쳤습니다.

"아니, 저 녀석은 워브잖아! 우리 목장에 바위와 통나무를 굴려 떨어뜨린 그 고약한 회색곰이라고!"

"그럴 리가요. 저 곰은 처음 왔을 때 멋모르고 호텔에 들어와 고기를 훔쳐 달아난 일 말고는 지금껏 한 번도 말썽 피운 적이 없는데요."

"이제야 알겠군. 7, 8월이면 사라져서 이상하게 생각했는데, 이곳에 와 있었어."

그 뒤로 회색곰 워브는 호텔 근처에서도 유명해졌습니다.

비터루트 지역은 골짜기가 아주 험준한 산악 지역입니다. 말도 다닐 수 없고, 사냥꾼이 다니기 어려운 지역이지만 약초가 많아 곰이 살기에는 좋은 곳이었지요.

그곳에는 곰도 많고 덫도, 사냥꾼도 많았습니다. 그리고 로치백이라 불리는 날렵하고 약삭빠른 점박이 곰이 있었습니다.

로치백은 덫에 관해서라면 어지간한 덫 사냥꾼보다 아는 것이 많았고, 약초 뿌리에 관해선 식물학자보다 많이 알았으며, 언제 어디로 가면 땅벌레와 굼벵이가 있는지도 훤히 알고 있었습니다. 그러나 로치백은 다른 흑곰들로부터 비터루트에서 밀려나게 되었습니다.

세상 밖으로 나온 로치백은 파이니 강 유역을 어슬렁거리면서 워브의 조용한 삶에 끼어들기 시작했습니다.

로치백은 비터루트를 떠난 뒤로 종횡무진 떠돌다가 어느 날, 워브의 경고판을 발견했습니다.

"여기는 워브의 땅이니 함부로 들어오지 말 것!"

로치백은 워브의 발톱 자국이 난 나무에 등을 대고 뒷다리로 서 보았습니다.

'세상에, 엄청나게 큰 곰이군!'

워브의 표식은 로치백의 머리 위로 두 뼘 정도는 더 높이 있었습니다. 하지만 이대로 물러날 로치백이 아니었습니다.

'이 땅의 주인만 몰아내면 이 낙원 같은 땅이 내 것이 될 수도 있단 말이지.'

로치백은 주인이 언제 나타날지 조심스러워하며 여전히 숲 속에서 먹이를 찾았습니다. 생쥐들의 보금자리로 보이는 빈 통나무를 들춰 볼 때였습니다. 통나무가 데굴데굴 굴러가더니 워브가 영역 표시를 해 둔 나무 밑에서 멈췄습니다. 나무와 통나무를 번갈아 보던 로치백은 이내 좋은 생각을 떠올렸습니다. 로치백은 통나무 위로 올라가서 워브가 영역 표시를 해 둔 곳보다 더 높은 곳에 발톱 자국을 냈습니다.

한편, 메팃시 골짜기를 둘러보던 워브는 그레이불 쪽으로 내려오고 있었습니다. 그런데 어디선가 낯선 냄새가 풍겨 왔습니다. 워브는 씩씩대며 냄새를 따라갔습니다. 자신이 영역을 표시해 둔 나무에 어떤 녀석이 더 높이 표시를 해 둔 것이 보였습니다.

"감히 내 땅에 들어오다니, 이놈을 가만두지 않을 테다!"

화가 머리끝까지 나 으르렁거렸지만, 한편으로는 자신보다 머리 하나는 더 커 보이는 정체 불명의 침입자가 걱정되기도 했습니다.

사실 워브는 몇 년 사이 눈이 매우 침침해졌고, 이빨과 발톱도 닳아서 뭉툭해졌기 때문입니다. 게다가 총에 맞은 어깨와 덫에 걸렸던 발의 통증이 점점 더 심해졌습니다.

워브는 겁쟁이가 아니었지만, 언젠가 새로 나타난 적과 싸워야 한다는 생각은 끊임없이 워브의 가슴을 짓눌렀고, 이러한 걱정은 건강에도 안 좋은 영향을 끼쳤습니다.

몰래 워브를 지켜보던 로치백은 의미심장한 미소를 흘리며 중얼거렸습니다.

"덩치가 크긴 해도 이미 늙은 곰이야. 별거 아닌데!"

로치백은 다시 커다란 바위를 딛고 서서 워브의 표시보다 더 높은 곳에 크고 강렬한 냄새를 남겼습니다. 워브에게 도전장을 던진 것입니다.

워브 역시 이 당당한 침입자를 찾으려고 무던히 노력했습니다. 침입자의 발자국을 발견해 몇 킬로미터나 쫓아간 적도 있었습니다. 하지만 머리 회전도 빠르고 걸음도 빠른 로치백은 그렇게 쉽게 잡힐 녀석이 아니었습니다.

가끔 침입자의 냄새가 바람에 실려 왔지만, 눈에 띄지는 않았습니다. 워브는 화가 나기도 했지만 마음 한구석이 씁쓸해졌습니다. 비록 늙긴 했지만, 항상 마음을 놓지 못하는 자신이 초라해 보였기 때문입니다.

워브는 너무 오랫동안 혼자 살았습니다. 짝을 찾지도 않았고, 새끼를 키워 사랑을 준 적도 없었습니다. 혼자라는 두려움은 생각보다 컸습니다.

쓸쓸하고 외로운 생각이 머릿속을 떠나지 않았습니다.

'온천으로 가자! 온천에 몸을 담그면 기분이 나아질 거야.'

워브가 온천에 도착했을 때, 마침 그곳에도 로치백의 발자국이 찍혀 있었습니다. 작은 곰 발자국일 뿐이었지만 워브의 침침한 눈으로는 어떤 상대보다 강하게만 느껴졌습니다.

'결국 여기까지 뺏기고 마는군.'

워브는 자신의 몸을 녹여 주는 온천에 발을 담그지 못하고, 반대 방향으로 발길을 돌렸습니다.

만일 워브가 침입자의 냄새를 쫓아 몇 발자국만 더 갔더라면 바위 틈에 몸을 움츠리고 벌벌 떨고 있는 작은 곰을 때려눕히고도 남았을 것입니다. 아니, 유황 온천에 몸을 담그기만 했어도 힘과 용기를 되찾았을지도 모릅니다.

하지만 워브는 병을 앓고 있었고, 이제 누군가와 죽을힘을 다해 싸우고 싶지 않았습니다.

아픈 다리를 이끌고 메텃시 계곡을 건너는 워브의 뒤로, 겨울을 알리는 세찬 바람이 불어왔습니다.

'겨울잠을 자기 전에 뭔가를 먹어야 할 텐데…….'

계곡에는 물고기가 파닥거리고 있었지만 아픈 발을 담그기엔 물이 너무 차가웠습니다.

워브는 발 앞에 뒹구는 솔방울
몇 개로 허기를 달랬습니다.

 워브는 다시 쇼쇼니 산언저리로 내려갔습니다.

 한 번 후퇴를 결정하고 나니, 그다음부터는 훨씬 더 쉬워졌습니다. 아주 작은 후퇴가 긴 퇴각으로 이어진 것입니다. 그리고 결과는 더 비참했습니다. 워브는 보이지 않는 적에게 쫓겨 점점 더 많은 땅을 내주게 되었고, 더 이상 먹이를 구할 곳도, 몸을 쉴 곳도 찾을 수 없게 되었습니다.

갈 데 없이 헤매는 워브의 눈앞에 어린 시절 멋지게 물고기를 잡아 주던 엄마와 맛있게 물고기를 나눠 먹던 형제들이 아른거렸습니다.

저 아래 워브의 눈길이 닿는 곳 모두 워브의 거대한 왕국이었습니다. 워브는 언덕에 올라 자신이 소유했던 영토를 바라보았습니다.

이 땅에서는 아무도 자신과 맞서려 하지 않았습니다. 그러나 이제는 이렇게 아름다운 땅을 내주고 쫓겨나는 신세가 되었습니다.

워브는 힘이 다했고, 이제는 조용히 푹 쉴 만한 곳이 필요했습니다.

그때 죽음의 골짜기 냄새가 서풍에 실려 왔습니다. 그것은 모든 동물을 죽음으로 모는 무시무시한 골짜기에서 나는 냄새였습니다. 전에는 그 냄새를 피해 멀리 달아났지만, 워브는 이제 그 냄새가 싫지 않았습니다.

워브는 골짜기 입구에서 잠시 머뭇거렸지만, 마침내 길을 벗어나 작은 골짜기로 들어섰습니다. 그리고 그 옛날, 엄마 품에 안겨 잠들던 때를 떠올리며 바닥에 누워 편히 잠들었습니다.